MÉMOIRE

POUR

LE GÉNÉRAL DANSELME.

EXPOSÉ

ON doit sans doute de l'indulgence à ceux qui n'ont appris
qu'à 200 lieues les succès de l'armée d'Italie, de croire que ca-
pable de prendre Nice, Villefranche et Montalban, où se trou-
voient quinze à vingt mille hommes de troupes sardes, deux cent
quatorze pièces de canons, mortiers ou obusiers, plus d'un
million de cartouches à balles et autres munitions, en propor-
tion, ainsi qu'abondamment pourvus de tous les autres objets
nécessaires pour une vigoureuse défense, que cette armée étoit
en état de conquérir l'Italie.

Mais lorsqu'on saura que le général Danselme, envoyé sur
le Var, vers la fin de juillet, pour en prendre le commandement,
n'y trouva que neuf bataillons cantonnés dans les environs,
manquant des objets les plus importans pour la défensive du
Var. Il ne perd point courage; il demande tous les élémens
qui peuvent former une armée. Les obstacles qu'il rencontra
seroient d'un trop long détail, et le jetteroient d'ailleurs dans des
inculpations sans nombre, qui n'étant plus utiles à la chose
publique, ne présenteroient que des personnalités qu'il cherchera
toujours à éviter, autant que sa justification n'en sera point altérée;
il lui suffit de dire dans ce moment qu'il arriva à l'époque du
dix-huit septembre, jour auquel il reçut l'ordre d'attaquer le
comté de Nice.

Le général ne considère plus la force de ses ennemis, les siéges

A

qu'il avoit à entreprendre ; il oublie que Montalban seul a coûté la vie à six mille Français , que peut-être, avant que les dispositions d'attaque soient faites , la saison pluvieuse va , par le débordement du Var, opposer une barrière à son entrée sur le territoire ennemi.. Il regarde son armée ; il voit sans doute le peu d'individus qui la composent animés d'un grand courage, mais peu de troupes de ligne , et les deux tiers de bataillons de nouvelle levée, mal armés et mal habillés. Pour toute cavalerie, deux escadrons du 18. régiment-dragons , (ci-devant du roi), sans officiers supérieurs, trois compagnies d'artillerie sans officiers supérieurs pour commander le parc, sans canons de siége , et ceux de campagne mal outillés. Un seul ingénieur, qui devoit être employé ailleurs, venu par pur zèle, et auquel on donnoit ordre de se rendre à Barraux ; plusieurs officiers supérieurs des troupes de ligne venoient d'être destitués par les commissaires de l'assemblée législative pour fait d'incivisme; d'autres emplois supérieurs étoient vacans ; deux maréchaux des camps , un seul commissaire des guerres , n'ayant pas même de lettres de service pour être employé à cette armée, et sans autres munitions de guerre, que celles qu'il pouvoit tirer d'Antibes, déjà assez mal pourvu pour sa défense. Sans vivres que ceux qui étoient rigoureusement nécessaires pour la petite armée qui couvroit la frontière ; des hôpitaux sans lits , sans chemises et sans remèdes , enfin un trésorier, venu à sa sollicitation , et sans argent que celui que la caisse de l'armée des Alpes vouloit bien verser après des délais et des sollicitations réitérées (1).

Je le demande maintenant, quel est le militaire consommé qui ne se fût exhalé dans une rage impuissante, en se voyant froissé

---

(1) Voyez l'adresse des corps administratifs de la ville de *Grasse* où étoit le quartier général.

Le lendemain de son arrivée, la municipalité de *Grasse* porta douze mille livres pour les besoins les plus urgens des troupes , les réparations des armes et le palissadement d'Antibes.

Le lieutenant de l'hôpital n'avoit également pas un sou ; le général tira de sa bourse ce qui étoit nécessaire pour en assurer le service.

(3)

entre la désobéissance à un ordre formel, et la crainte de perdre sans succès plusieurs milliers de zélés patriotes ? Cependant il dissimuloit son inquiétude, quoique son expérience ne lui laissât pas échapper un seul des obstacles qu'il avoit à combattre. Au même instant, il prend sa résolution, il a recours à Marseille ; il lui demande six mille hommes de sa garde nationale, armés, équippés, et des munitions.

Il écrit à Toulon pour avoir du canon, des munitions et des ouvriers de tout genre, y commande six cents échelles d'escalade et des haches d'armes pour suppléer aux attaques régulères des places pour lesquelles il n'avoit aucun moyen : il sollicite à Toulon quatre galliotes à bombes, huit chaloupes canonnières, trente chaloupes de débarquement et des sabres, le tout pour être rendu et attaquer conformément aux ordres, le premier d'octobre, c'est-à-dire, douze jours après ; mais on verra par la suite que ces secours ne purent être aussi-tôt prêts.

Des ordonnances mettent en mouvement toutes les troupes des environs pour les faire rapprocher des bords du Var, il fit reconnoître et reconnut lui-même les bords de ce fleuve, ainsi que tous les points d'attaque et de passage pour les différentes colonnes. Des affûts de côte et de rempart, pris d'Antibes, changés par la nécessité en affûts de siége et de position, arrivent sur les bords du Var, et présentent à l'ennemi, pour protéger notre passage, vingt-quatre bouches à feu du plus fort calibre.

Le général environné des espions des ennemis, cache avec adresse sa foiblesse ; il ordonne les préparatifs pour le logement de quarante mille hommes dans tous les cantonnemens voisins du Var, car il n'avoit que pour huit bataillons d'effets de campement.

Il demande que l'escadre se montre devant Nice, et fait réclamer avec menace le consul français qui avoit cessé ses fonctions, et qui étoit gardé à vue. Il fait faire à trois cents toises de la côte par un adjudant-général *Milet*, monté sur une frégate, la reconnoissance de toutes les batteries et de tous les moyens de débarquement sur les bords de la mer ; il charge le contre-amiral *Truguet* d'envoyer une frégate à l'est de *Villefranche*, pour y prendre des sondes, et y exécuter tous les simulacres qui peuvent faire craindre aux ennemis un débarquement dans cette partie, comme étant le point le plus favorable pour couper leur retraite sur *Saorgio*; et il a appris depuis que ce mouvement étoit un de ceux qui les avoit le plus inquiétés, ainsi que celui de la marche d'une colonne de dix mille hommes qui devoit traverser le fleuve à la hauteur du *Broc*, et se diriger sur *Aspremont*.

Telles sont les dispositions et la force factice employées par le général *Danselme*, pour épouvanter un ennemi fort par le nombre, et encore plus par sa position. Elles produisirent leur effet. Une terreur panique s'empare de leurs esprits et fait prendre aux ennemis le dessein exécuté sur-le-champ d'évacuer la ville de *Nice*, et de se mettre au-dessus des points où ils craignoient d'être coupés dans leur retraite.

Quatre mille émigrés français, qui étoient dans *Nice*, suivent l'armée piémontaise, après avoir mis en délibération s'ils tiendront ferme dans la ville et le fort.

Le général, informé le 29 septembre à quatre heures du matin que ses dispositions ont déterminé l'ennemi à commencer sa retraite, croit devoir profiter de la circonstance, et augmenter sa terreur en passant le Var; il donne les ordres les plus prompts pour faire marcher les troupes d'élite les plus à portée, et quelques pièces de canon de campagne. Il se met à la tête de cette avant-garde, composée de trois mille cinq cents hommes, passe le fleuve au gué et à la nage; quelques chevaux de dragons seulement furent noyés: il n'y périt pas un seul homme par les précautions qu'il avoit prises de distribuer les guéyeurs du pays sur les bords du fleuve, qui en sauvèrent plusieurs.

Il fit sur-le-champ fouiller les bois qui sont sur la rive gauche, fit éclairer sa marche, et se dirigea sur *Nice*, où il trouva à un quart de lieue le reste peu nombreux d'une magistrature, dont le chef étoit le *baron de Jacobi*, qui lui présenta les clefs de la ville, que le général reçut au nom de la république française.

Ce magistrat lui annonça que l'ennemi avoit évacué la ville, et que les troupes françaises y étoient attendues avec d'autant plus d'empressement , qu'un assez grand nombre de brigands s'étoient livrés au pillage dans la ville , depuis le départ des troupes piémontaises.

Le général lui ayant demandé s'il lui répondoit de toute espèce d'embuscade, ou trahison ; il lui répondit que les ennemis occupoient le fort *Montalban* , lequel domine avantageusement la place de *Nice*, dite *des Victoires* , et qu'il ne pouvoit lui répondre de la conduite que tiendroit le gouverneur de ce fort.

Le général pouvoit alors supposer que l'ennemi n'avoit fait qu'une retraite feinte afin de l'attirer dans la ville , mais l'ardeur dont lui parurent animés les grenadiers de la république qui chantoient *ça ira* , lui fit juger qu'il pouvoit tout entreprendre avec d'aussi braves troupes ; il pouvoit y avoir d'ailleurs du danger à suspendre sa marche, d'autant qu'on auroit pu compter ses forces , en calculer la résistance , et déterminer les ennemis à revenir sur leurs pas, puisqu'ils étoient en force plus que quadruple à environ trois ou quatre lieues de distance.

Il n'hésita donc plus, entra dans la ville , et dit à haute voix au général *Brunet* : tournez les remparts par la droite avec votre colonne de dix mille hommes , et moi, avec tous les grenadiers de l'armée, je vais me metttre en bataille sur la place *des Victoires* , où vous viendrez me joindre ; à ce soir l'escalade de *Montalban*, s'il ne se rend pas à discrétion.

Arrivé sur la place , il fit battre un ban à la tête de chaque bataillon , et un adjudant-général *Lecointe* publia toutes les défenses qui peuvent maintenir le bon ordre, et principalement la conservation des personnes et des propriétés.

Il étoit presque nuit ; le général profita de l'obscurité pour envoyer sur-le champ des grenadiers à *Montalban :* on en somma le gouverneur , qui eut peur des échelles et des haches d'armes qui étoient encore à Toulon , et il se rendit à discrétion aux grenadiers de la liberté, qui prirent sur-le champ possession de ce poste important.

Il annonça cette heureuse nouvelle aux troupes ; on commanda sur-le-champ de fortes patrouilles de grenadiers pour maintenir le bon ordre ; les postes de sûreté furent placés ; et le reste de l'avant garde fut prendre quelque repos dans les maisons qui avoient été désignées par les magistrats et le commissaire des guerres.

Le motif et la rapidité de ce mémoire ne lui permettront pas de s'appesantir sur des détails locaux, ni sur toutes les intrigues qui occasionnèrent une alerte la première nuit, alerte qui ne servit qu'à prouver que dans un quart d'heure l'armée fut sous les armes et dans le meilleur ordre.

La forteresse de *Villefranche* restoit à soumettre ; le général ordonna, le trente au matin, la marche d'une colonne pour s'en emparer ; il prit lui-même le devant à la tête de quinze dragons, pour reconnoître cette place, et ayant appris en chemin qu'une partie de la garnison l'avoit évacuée, et s'étoit sauvée par des sentiers qui gagnent la montagne, il jugea qu'elle ne tiendroit pas, et comme il craignoit qu'en l'évacuant ils ne fissent quelques dégâts, ou qu'ils ne détruisissent l'immense artillerie que renfermoit cette place, il s'y porta au galop, somma le gouverneur, et il y entra avec ses quinze dragons.

Il trouva dans la place un brigadier général, trois colonels, trois lieutenans-colonels, douze officiers, et environ trois cents grenadiers ou soldats.

Se voyant presque seul au milieu de cette troupe, il la chassa promptement hors de la forteresse, et la fit consigner dans la ville de *Villefranche*, où elle n'éprouva aucun mauvais traitement.

La tête de la colonne des grenadiers arriva un quart d'heure après, et cette expédition fut terminée, comme on voit, d'une manière qui tient du prodige, et qui ne peut être expliquée que par la terreur que doivent inspirer des soldats qui combattent pour la liberté contre des esclaves soudoyés.

On a trouvé dans cette place plus de cent pièces de canon, mortiers, ou obusiers, dont partie en bronze ; et une immense quantité de munitions de guerre et de bouche, rien n'a été détruit, les méches étoient encore allumées.

On a également trouvé deux frégates dans le port, qui étoient armées de leurs canons, et dont on s'est emparé. L'arsenal de la marine étoit assez bien pourvu; le tout a été parfaitement conservé, d'après les ordres qui ont été donnés.

Cette opération terminée, le général dut penser à poursuivre les ennemis ; et en conséquence, dès les trente au matin, il avoit donné des ordres pour faire arriver le reste de l'armée, mais un orage épouvantable qui entraîna une pluie continuelle, fit déborder le Var, et la mer agitée retint pendant douze jours l'escadre au golfe Juan, près d'Antibes, en sorte qu'il ne put communiquer ni par terre ni par mer avec le gros de son armée. Cette position pouvoit être très-fâcheuse devant un ennemi qui eût été entreprenant, mais le général, vingt-quatre heures après sa prise de possession, eût pu leur prouver qu'on défendoit bien avec trois mille cinq cents hommes ce qu'ils avoient abandonné lâchement avec quinze ou vingt mille.

Le premier octobre, il détacha cinquante dragons, des cent qui étoient à *Nice* aux ordres du capitaine *Macquard*, ainsi que les chasseurs corses, commandés par le sieur *Baccioci*, lieutenant colonel qui a ensuite émigré.

Cette petite avant-garde se porta rapidement sur *Escaréna*, *Sospello* et *Brelio*; elle avoit l'ordre d'atteindre les ennemis pour en avoir des nouvelles précises. Le capitaine *Macquard*, à la tête de quelques dragons, poussa jusques aux portes de *Saorgio*, distant de quinze lieues environ de *Nice*, où il reçut une fusillade très-vive et très-fournie de toutes les hauteurs qui avoisinent ce poste extraordinairement fort, et unique par sa position dans la chaîne des Alpes. Il eut néanmoins le temps de reconnoître que le pont de pierre construit sur l'unique passage par où on peut y arriver, étoit totalement détruit, et il jugea au mouvement des troupes, et aux bruits de guerre dans le fort, dans le village et sur les hauteurs voisines, que les ennemis y étoient restés très en force. Le général apprit effectivement depuis qu'il n'y avoit jamais eu moins de quatre bataillons, et que le château que les gens du pays disent imprenable , et qui effectivement n'a jamais été pris, étoit muni d'une bonne artillerie (1).

Cette avant garde trouva dans *Brelio* , *Sospello* et *Escaréna* , plusieurs pièces de canon de montagne, des caissons remplis de munitions , et une assez grande quantité d'effets appartenans aux émigrés. Le tout a été transporté à *Nice*, à quelques coffres près des émigrés français, qui , je crois, ne sont pas arrivés dans le meilleur état ; mais la faute peut en être attribuée au sieur *Baccioci*, qui, à ce qu'on assure , en avoit pris sa bonne

---

OBSERVATIONS SUR *SAORGIO.*

(1) « Les gens de l'art qui ont une parfaite connoissance du pays , savent bien » que ce poste ne peut être attaqué qu'en le tournant par notre droite , et que » pour suivre cette disposition , il faudroit que la colonne passât sur le territoire » de Gênes ; sans ce moyen , on ne peut y arriver que par le grand chemin » qui conduit de *Nice* à *Turin*, c'est-à-dire , attaquer de bas en haut un fort » et un village isolés, qui ferment et masquent absolument le débouché du chemin » à la portée du pistolet. Il est donc démontré que quelques succès dont on » eût pu se flatter dans cette attaque , elle n'auroit pu s'effectuer sans la perte » de quelques milliers d'hommes , et on considérera qu'il n'est utile à occuper , » que lorsqu'on veut passer le *Col-de-Tende* pour faire le siége de *Coni*, lequel » col se trouve à plus de six lieues de *Saorgio*, sur la partie la plus élevée » des *Alpes* dans cette direction.

» En supposant qu'on l'eût pris , les ennemis auroient conservé toute la faveur » pour rattaquer ce poste avantageusement de haut en bas , puisqu'ils tenoient » toujours en arrière les parties les plus élevées des montagnes.

» N'étant d'ailleurs point en mesure sous aucun rapport de descendre dans » les plaines du *Piémont* , où il y auroit eu plusieurs siéges importans à faire » pour s'y établir, non-seulement le poste de *Saorgio* étoit inutile à occuper ; » mais il nous auroit même été fort à charge pour en soutenir la communication » pendant l'hiver , par la prodigieuse quantité de défilés redoutables par où il » faut passer dans un prolongement de plus de dix lieues que les convois au» roient à parcourir.

» Le général Danselme se borna donc à faire occuper le village de *Brelio*, » qui est entre *Saorgio* et *Sospello* , d'où il contenoit et faisoit observer les » ennemis, dont l'armée étoit répartie par échelons entre *Saorgio* et le *Col-de-* » *Tende*, et en mesure de se réunir dans quatre heures : c'est où ils nous » attendoient » !

part,

part, ce qui n'a pas peu contribué à le faire émigrer avec vingt de ses chasseurs, sur l'avis qu'il eut qu'il seroit puni pour avoir abandonné son poste sans combattre.

Le général porta ensuite ses regards sur la fameuse position de l'ancien château de la ville de *Nice*, qu'une négligence inconcevable avoit fait abandonner aux ennemis.

Ce plateau dominant la mer, la ville, le port et ses environs, ce plateau, l'image du chaos par la destruction en masse des maçonneries énormes des anciennes fortifications, devint un poste redoutable, présentant cinquante bouches à feu prises dans le nombre de celles dont on s'étoit déjà emparé sur la côte ou dans d'autres postes.

Le reste de l'armée profite enfin du calme des élémens pour arriver par mer et par terre.

On ne parlera pas ici de la guerre continuelle de nos avant-gardes, où l'ennemi a toujours cédé devant les Français, même à *Sospello*, qu'ils avoient pris par un effort secret et combiné, et que le général a occupé de nouveau vingt-quatre heures après.

Il peut être permis, d'après ce qu'on vient de dire, à ceux qui n'ont connu de l'armée d'Italie que ses succès, de désirer de voir cette armée voler à de nouvelles conquêtes ; c'est ce qu'il est important d'analyser. On a vu dans le commencement de ce mémoire l'état de dénuement de cette armée.

Le général a dû assurer ses avant-gardes et les frontières de France contre les atteintes des ennemis, et sur-tout contre cette race de barbets hussards des pays de montagne, (le tourment de tous les généraux) qui tiennent les troupes continuellement en haleine, et qui échappent toujours, soit par l'habitude du pays, soit par les intelligences sûres qui ne permettent pas un mouvement secret. Ces dispositions occupent treize bataillons de l'armée, qui, mal vêtus, sur les montagnes couvertes de neiges, ont besoin d'être relevés par un même nombre qui reste sur les derrières.

B

Dans cette situation, le général profite des dispositions apparentes de la république de *Gênes*, en lui faisant sentir tout l'intérêt qui doit la porter à vivre en bonne intelligence avec la nation française : il entame par l'entremise du contre amiral *Truguet* et le lieutenant-colonel *Rigaud*, qui se rendirent à *Gênes* avec son escadre, une négociation qui devoit procurer à l'armée de l'argent, des habits, des culottes, des draps, des couvertures, des fusils, des sabres, des gibernes, des baudriers, etc. Il se fondoit pour l'argent sur la neutralité que veut observer la république de *Gênes*, qui a prêté une somme de six millions au roi de Sardaigne ; pour les autres objets, sur la nécessité et l'avantage de laisser les ressources de *France* aux autres armées ; mais désapprouvé sur cette proposition faite à l'amiable, il se rétracte de ses demandes.

Etabli dans le comté de *Nice*, le général contre-manda les six mille hommes demandés à la ville de *Marseille*, qui n'étoient pas encore levés. Il ne prévoyoit pas dans le moment que le conseil exécutif (qui ignoroit sans doute la force des ennemis) donneroit des ordres pour s'emparer de la *Sardaigne* ; mais dès qu'il eut connoissance de cette nouvelle disposition, il écrivit pour que la levée des six mille hommes fût accélérée. Elle se fit dans tout le département, la ville de *Marseille* n'ayant pu se dégarnir de sa garde nationale.

On doit observer que le général n'avoit à cette époque dans le comté de *Nice* que douze mille hommes environ de troupes bien armées et en état de défendre cette conquête, le reste étant san fusils, ou employé de l'autre côté du *Var*, dans la partie de l'*Esteron*, pour garantir les frontières du nord du département du *Var* des incursions qu'auroient pu y faire les barbets qui pouvoient s'y porter avec rapidité d'un instant à l'autre ; car cette espèce de troupe dérobe facilement sa marche, et traverse dix lieues de pays dans un jour, avec une célérité incroyable ; mais il peut avancer avec certitude qu'il les a tellement observés et contenus, que pas un de ces brigands n'a souillé la terre de la liberté.

Il falloit donc trouver une manière d'exécuter cet ordre , qui n'étoit point impératif (1) , et qui par conséquent lui laissoit toute la responsabilité des événemens qui auroient pu arriver contre la sûreté du pays si dans cet état des choses il l'avoit dégarni , et que l'ennemi nous y eût attaqués avec des forces assez considérables , ainsi qu'il l'a fait le dix-huit du mois de novembre , époque à laquelle il repoussa notre avant-garde établie à *Sospello*, commandée par le général *Brunet*, qui avoit environ trois mille hommes d'élite. Il fit sa retraite sur *Escaréna* , et les ennemis firent en même-temps attaquer par trois autres colonnes plusieurs de nos postes avancés(2); ce qui prouve qu'ils étoient en force. (Les troupes autrichiennes avoient renforcé l'armée piémontaise de deux régimens , *Caprara* et *Beljojoso* , dont on a fait des prisonniers). Vingt-quatre heures après , le général *Danselme* y marcha à la tête des grenadiers et troupes d'élite de l'armée, ne rentra dans *Nice* qu'après avoir rétabli le général *Brunet* à *Sospello* , et reprit également les autres postes (3).

Une autre opération militaire paroissoit également alors occuper le conseil exécutif; mais sans développer ce qui doit être encore un secret , le ministre n'ignore pas que les négociations préliminaires n'étoient point terminées , et que depuis le vingt octobre l'escadre du contre-amiral *Truguet* n'a plus paru sur les côtes de *Nice*. Le général n'ayant aucune autorité sur le contre-amiral *Truguet*, n'a pu lui donner des ordres pour se rendre à

---

(1) Il n'y avoit pas d'autres moyens que celui d'attendre l'arrivée des Marseillois et des bâtimens de transport qui ont été extrêmement longs à préparer, devant être fournis pour trois mois de vivres , d'une artillerie de siége , et de tout l'attirail que nécessite une pareille entreprise.

(2) *Berra , Lucerane et Péglion*.

(3) Cet événement présente une réflexion bien naturelle.

Le général avoit à peine assez de troupes pour repousser les ennemis , et s'il eût été dégarni à cette époque de celles qu'il falloit envoyer en Sardaigne , il auroit couru les risques de se voir resserrer dans l'enceinte de Nice et des forts environnans, et d'y être assiégé , ou au moins bloqué.

Villefranche, où il falloit absolument que son escadre se réunît pour exécuter toute espéce d'entreprise maritime.

D'après cet exposé, et les ennemis paroissant se renforcer tous les jours par la cavalerie autrichienne, dont on a fait des prisonniers, les sentimens des Génois devenant suspects, la raison, la prudence, la nécessité devant qui tout cède, lui firent suspendre toute opération, jusqu'à ce que l'armée fût pourvue d'habits, ou au moins de fusils, ou l'arrivée des six mille hommes levés dans le département des *Bouches-du-Rhône*.

Une preuve constante qu'il avoit tout disposé pour l'entreprise de la *Sardaigne* lorsqu'il y a eu possibilité, c'est que le général *Brunet,* qui lui a succédé dans le commandement de l'armée, a pu faire embarquer les troupes, du premier au trois janvier, et que les derniers bataillons des *Bouches-du-Rhône, dits Marseillais*, ne sont arrivés à *Nice* que le vingt-cinq décembre, et les trente-trois bâtimens marseillais qui devoient les transporter en *Corse*, ne sont également arrivés à *Villefranche* que le vingt-deux décembre, et le général *Danselme* ayant reçu ordre du ministre *Pache* de quitter l'armée d'*Italie*, le 23 du même mois, n'a pu exécuter lui même cet embarquement.

Il a appris qu'on n'avoit embarqué que quatre mille hommes, c'est sans doute faute d armes ; car ce nombre n'est pas suffisant pour cette entreprise, indépendamment de ce que la *Corse* peut fournir.

A D R E S S E

DES TROIS CORPS ADMINISTRATIFS

DU DISTRICT ET DE LA VILLE DE GRASSE.

Cɪᴛᴏʏᴇɴs,

Douloureusement affectés de l'acharnement et de la lâcheté avec laquelle la malveillance ne cesse de poursuivre le général

Danselme, il est de notre devoir de rompre enfin le silence, et de manifester hautement notre indignation.

Plus nous sommes voisins du danger et environnés d'ennemis, plus nous avons à redouter leur influence et leurs inspirations insidieuses ; et nos ennemis ne sont pas tous au-delà du *Var*. Citoyens, les plus redoutables et les plus dangereux sont au milieu de vous ; vous avez non seulement à les surveiller, mais encore à les empêcher de faire perdre à notre brave général la confiance qu'il mérite, et qui devient absolument nécessaire pour notre défense.

Si vous pouviez douter un instant, frères et amis, de son patriotisme et de son zèle pour le salut de la patrie, nous vous dirions qu'à son arrivée dans notre ville aucunes dispositions n'avoient été faites pour la défense des frontières ; que la lisière du *Var* étoit sans troupes, la ville d'*Antibes* sans palissade, les bataillons volontaires sans armes ; l'armée sans munitions, sans argent, les hôpitaux sans fournitures ; notre ville n'ayant que deux bataillons dont les chefs étoient justement soupçonnés de la plus noire aristocratie. Le général a tout vu, tout créé, tout organisé en bien moins de temps que n'en avoit mis à tout séduire le général *Charton*, digne agent du traître *Lafayette*.

L'on ne vous a fait sans doute envisager les dispositions du général *Danselme* que comme décelant le projet criminel d'abandonner à l'ennemi le district de *St. Paul* et les communes en dépendantes. Citoyens et frères, vous êtes méchamment trompés, et lorsqu'il est plus nécessaire de vous rallier en masse, vous vous laissez égarer. Notre perte est certaine, si nos ennemis ont la facilité de nous diviser. Rallions nous donc autour de notre général ; faisons taire des doutes injurieux à son civisme et à sa franchise. Si son patriotisme lui a suscité des ennemis, rachetez par une confiance décidée tous les dégoûts qu'on n'a cessé de lui donner, et dont nous sommes certains qu'il saura triompher.

C'est sur-tout à vous, soldats-citoyens, et citoyens-soldats, qui avez à vous défier de la perfidie de ceux de vos chefs qui ont manifesté l'opposition la plus marquée aux nouvelles loix, que nos réflexions s'adressent ; résistez à leurs insinuations mensongères, nous avons eu le temps de les connoître , et il n'a pas tenu à la plupart des chefs que notre ville si tranquille avant leur arrivée ne soit devenue , à force d'intrigues et de séductions, un foyer de contre-révolution.

Armée du *Var* , c'est vous sur-tout que le district et la commune de *Grasse* réunis invitent à la confiance en votre général. Repoussez avec horreur toute insinuation qui tendroit à la lui faire perdre. Le salut de la patrie, vos fortunes et votre vie seroient bientôt entre les mains de nos ennemis, et notre ruine certaine. Exposés comme vous aux mêmes événemens, courant les mêmes dangers, nous ne pouvons nous sauver et triompher qu'en colonne serrée. Ecartez-en les soldats suspects que la trahison générale a séduits ; qu'ils périssent plutôt que d'exposer la liberté que vous avez jurée.

Un camp vient d'être formé à Chateau-Neuf ; ce rassemblement étoit nécessaire ; l'armée formée à la hâte avoit besoin de la discipline d'un camp ; pouvoit-il être plus à portée de vous secourir ? Dans toutes ses dispositions , le général *Danselme* a pris conseil de l'expérience, il s'est modelé sur les grands généraux qui l'ont précédé ; les *Catinat*, les *Vendôme* , les *Maillebois*, les *Belisle* ne s'étoient pas d'emblée portés sur les bords du *Var* ; s'il eût précipité sa marche, ses ennemis n'auroient pas manqué de l'accuser d'ineptie et de légéreté , et peut-être même seroient-ils parvenus à vous persuader qu'il avoit le projet criminel de livrer l'armée et le pays à l'ennemi , puisqu'ils ont été jusqu'à vouloir persuader qu'il avoit lâchement abandonné sa patrie.

Nous ne repousserons point une aussi méprisable calomnie, mais nous certifierons que le général *Danselme* n'a pas cessé un instant d'être occupé de notre défense commune ; qu'il y a mis tout le zèle, toute l'activité , toute l'intelligence qu'on devoit attendre d'un citoyen qui porte au plus haut degré son patriotisme et son amour pour la liberté et l'égalité. C'est ainsi que nous l'avons jugé, et nous aimons à lui rendre cette justice, non seulement vis-à-vis de vous, mais à la face de la France entière.

Enfin vous allez juger par vous-mêmes que le général *Danselme*, ayant réuni tous les moyens avec le secret nécessaire aux dispositions militaires pour en obtenir plus de succès, va développer à vos yeux des forces qui non-seulement vous rassureront contre toute invasion hostile, mais qui seront même capables de faire craindre à nos ennemis pour leurs propres territoires.

Que son zèle éclaire vos propres intérêts !

Fait à *Grasse*, le 20 septembre 1792.

Signés. *Ferru*, commissaire ; *Vacquier*, président ; *Mougins*, *Reybaud*, *Consolat*, *Camin*, *Cavalier*, docteur en médecine, *Mottet*, *Gérard*, *P. S. Rey*, *Giraudy*, *Merle*, aîné ; *Taladoire*, *Suché*, *F. Gilly*, *Roustau*, *Maure*, *Niel*, fils aîné, *Jaume*, procureur de la commune ; *Chabert*, substitut.

Perrolle, secrétaire.

MÉMOIRE (1)

JUSTIFICATIF

DU GÉNÉRAL DANSELME,

En réfutation des différentes calomnies répandues sur son compte.

Tout citoyen revêtu de fonctions importantes doit, dans une république, l'exposé de sa conduite, quand on cherche à profiter de l'inquiétude qui règne naturellement dans les esprits pendant les révolutions, pour lui faire perdre la confiance qui lui est nécessaire comme fonctionnaire public. Il peut être permis sans doute de mépriser les dénonciations vagues de certains individus sans caractère

---

(1) Ce mémoire étoit depuis quatre jours à l'impression, lorsque les citoyens commissaires ont fait leur rapport à l'assemblée.

moral, quand on est fort de sa conscience, et qu'on doit employer plus utilement son temps ; mais lorsque ces dénonciations s'accréditent auprès des citoyens faits pour enchaîner l'opinion , lorsqu'ils peuvent être prévenus , un devoir sacré vous impose de les éclairer eux-mêmes sur le piége qu'on a tendu à leur bonne foi et à leur zèle pour le bien public.

On ne me fait la grace ni de m'attaquer sur mon civisme, ni sur quelque expérience militaire, que treize campagnes de guerre ont pu me faire acquérir. On croiroit, d'après cela, qu'il doit exister des sujets de plaintes bien graves pour porter à rappeler un général de son commandement, dans un temps sur-tout où les généraux auxquels on accorde cette qualité deviennent nécessaires. On verra cependant par la suite de ce mémoire qu'il n'existe contre moi que des dénonciations vagues , qu'il sera plus facile de détruire qu'il n'a fallu d'art pour en faire un échafaudage qui pût en imposer.

Néanmoins je prends l'engagement de repousser ces calomnies , d'autant plus absurdes qu'on n'en trouvera pas une seule qui ne soit dénuée de toute apparence de vérité.

Le lecteur appercevra sans doute de lui même la cabale formée pour diviser l'armée , pour altérer la confiance qu'elle avoit pour son général, et pour chasser les Français du comté de *Nice* ; cabale d'autant plus redoutable, qu'elle est ourdie par les agens de l'aristocratie les plus fourbes et les plus déliés, qui, sous l'enveloppe d'un patriotisme outré, sont parvenus à corrompre une partie de l'opinion de ceux qui se seroient montrés mes plus zélés défenseurs ; et j'avoue même franchement que j'ai été leur dupe un moment, et que plusieurs d'entre eux sont parvenus à surprendre ma confiance par un extérieur de civisme, avec d'autant plus de facilité, qu'on avoit eu grand soin de m'en environner, et de me refuser d'autres coopérateurs qui auroient pu me fournir les moyens de me passer de ceux qui m'étoient suspects.

L'indiscipline, le pillage dont on se plaint, existent, dit-on, dans les premiers jours de la conquête, et c'est postérieurement à cette époque que les Niçards étoient bien éloignés de penser que je n'avois pas fait scrupuleusement tout ce que mon devoir et l'honneur me prescrivoient,

prescrivoient, puisque dans une assemblée générale des corps administratifs provisoires, et au club, ils ont délibéré unanimement
de demander pour moi à la convention nationale le bâton de maré-
chal de France, distinction que j'ai refusée, en disant que ma seule
ambition étoit d'avoir leur estime et leur confiance.

On a depuis proposé de faire porter mon nom à l'une des places
de la ville, dite *des victoires*; j'ai demandé qu'elle fût nommée *place
de la république*, ce qui a été fait.

Par le même principe je me suis refusé à ce qu'on érigeât un
monument qui auroit pu flatter l'amour-propre d'un vieux fat; je
ne cite ce produit de l'enthousiasme que pour prouver que l'on
étoit satisfait de l'ordre que j'y avois maintenu. Mais alors la nouvelle de la prise du comté de *Nice* n'étoit pas connue de toute
l'*Europe*; alors *Rome*, *Turin*, etc. n'avoient pas pu intriguer et
payer des agitateurs (1); alors on n'avoit pas pu pousser la scélé-

---

(1) On ne peut nier l'existence de ce complot ; des sénateurs génois en ont
prévenu le citoyen *Rigand*, lieutenant-colonel de l'armée française, pendant
son séjour à *Gênes*, et lui ont assuré qu'il existoit une trame pour faire par
l'intrigue ce qu'on ne pouvoit exécuter par la force ; que ce projet consistoit,
après avoir divisé le peuple et l'armée, à renouveler à *Nice* les malheurs d'*Avi-
gnon*. Des officiers voyant que je ne pouvois croire à tant d'atrocités me dis.ient :
« Général, nous voyons bien que vous ne savez pas qu'il y a ici des robinets
» ouverts par où coule l'or de *Rome* et de *Turin* ; les agitateurs les connoissent
» bien »,

Nota. J'observe cependant que ces agitateurs étoient presque tous étrangers,
et que le peuple de *Nice*, en général, avoit des sentimens de bienveillance
pour la nation française qui lui portoit la liberté : mais là, comme ailleurs, il y a
des gens qui regrettent l'ancien régime, et malheureusement ce sont ceux qui
écrivent le plus, tandis que le bon peuple se borne à combler de bénédictions
le général qui le protége et lui fait sentir le prix de la liberté, et ce bon peuple
est à deux cents lieues d'ici.

Mes sollicitudes et ma surveillance me portèrent souvent à faire observer à la
municipalité de *Nice* qu'elle ne mettoit pas assez d'attention au grand nombre
d'étrangers suspects qui arrivoient journellement dans la ville des différentes
parties d'*Italie*, à qui j'attribuois en grande partie les agitations, les intrigues,
les cabales et les motions incendiaires qui tendoient à altérer la confiance né-

C

ratesse jusqu'à payer un déserteur piémontais pour l'engager à aller déposer à une municipalité que j'étois un traître qui voulois faire détruire l'armée, et que j'étois d'intelligence avec les ennemis.

D'après ce préambule, on ne sera pas étonné que je n'aie dans ma défense qu'un fantôme chimérique à combattre ; mais néanmoins, pour le faire avec plus de méthode, je vais rapprocher mes réponses de toutes les imputations qu'on a multipliées sur mon compte.

INDISCIPLINE DE L'ARMÉE.

Cet énoncé est trop vague, il se divise naturellement sur les désordres dans les campagnes, le pillage ; nous y reviendrons dans ces articles.

Pillages et dilapidations des effets des émigrés, et nomination d'administrations provisoires.

Dès l'instant que la ville de *Nice* fut évacuée par les troupes sardes, l'absence de toute force armée occasionna le pillage ; le peuple niçard et les étrangers vagabonds dont les grandes villes abondent se portèrent dans les maisons des émigrés. Lorsque les Français furent arrivés, ces mêmes hommes, intéressés à séduire des soldats pour faire retomber sur eux tout le blâme, leur désignèrent les maisons que, certes, ils n'auroient pas devinées.

En arrivant dans *Nice*, après les dispositions militaires et la reddition de *Montalban*, avant d'envoyer les troupes dans leur logemens, j'avois fait un discours patriotique à l'armée, et je lui rappelois des devoirs sacrés, dont les bases étoient qu'on devoit

---

cessaire au chef de l'armée pour le maintien de la discipline ; et pour leur donner encore plus d'intérêt à y concourir, je leur ai dit plusieurs fois devant tout l'état-major de l'armée :

« Si cette confiance venoit malheureusement à se perdre, vous en seriez les » premières victimes ; car sans subordination dans une armée, qui pourra vous » garantir des funestes événemens qui en sont une suite inséparable ? *Soutenez* » *les colonnes de l'édifice, si vous ne voulez en être écrasés* »,

Ce sont mes propres expressions, auxquelles on a cherché ensuite à donner un *sens bien différent.*

traiter les Niçards en frères, et respecter leurs personnes et leurs propriétés. Le défaut des casernes fit que le seul municipal resté dans *Nice*, le *Baron de Jacobi*, plaça des soldats dans des maisons où étoient logés des émigrés; et on assure que ces soldats manquant de tout, et trouvant quelques malles, prirent des chemises et des culöttes. Ce fait, quoique non constaté, malgré les recherches qu'on a pu faire, paroît assez vraisemblable.

Mais au milieu de la première nuit, pendant que je faisois les dispositions pour attaquer *Villefranche*, on vint me dire qu'on pilloit dans une maison et un petit magasin d'armes. J'envoyai sur-le-champ un officier-général qui fit rendre les effets et qui rétablit le bon ordre.

Lorsque je partageois mes soins entre les ordres importans à donner pour la possession des villes et postes du comté de *Nice*, on vint me dire qu'il se commettoit des désordres dans la campagne; j'envoyai des patrouilles de dragons; je fis une proclamation contre les fauteurs et instigateurs du pillage, qui fut sur-le-champ imprimée et affichée(1). A cette mesure, je joignis celle

---

Proclamation au nom de la nation et de la loi, de la part du général Danselme.

(1) Les soldats de la liberté, après avoir montré leur courage et leur énergie, semblent oublier qu'ils en sont devenus les apôtres, et que la guerre n'est point entreprise contre des citoyens paisibles, qui demandent à goûter les douceurs de la liberté, mais bien contre les tyrans de l'Europe.

J'apprends que les désordres se multiplient, et que les propriétés sont insultées; il est temps que l'armée du *Var* connoisse l'étendue des devoirs que de vrais patriotes s'imposent; que chaque Français voie parmi les citoyens un nouveau frère qui, affranchi de ses fers, veut jouir à ses côtés de la liberté et de l'égalité, et que tous soient certains que le général qui a su les mener à la victoire saura enfin punir ceux qui se rendront indignes de cueillir de nouveaux lauriers, et que dès demain, peut-être, des ordres seront donnés pour renvoyer à vingt lieues du champ d'honneur ceux qui pourroient se livrer à des pillages qui deviennent déshonorans pour des patriotes et des hommes libres.

Donné à *Nice*, le premier octobre, l'an premier de la liberté et de l'égalité.

Le lieutenant-général, commandant en chef l'armée du Var.

Signé, D A N S E L M E.

d'ordonner des patrouilles multipliées pour arrêter les pillards et les effets avec des ordres rigoureux, et qui ont été exécutés, puisqu'un grenadier du 91e. régiment, et un dragon du 18e., ci-devant *du roi*, ont été tués en flagrant délit, treize envoyés dans les cachots du fort quarré d'*Antibes*, et quatre dans les tribunaux des districts voisins. Ce sont là, je crois des preuves que ni moi, ni l'armée ne voulions autoriser les brigands. Ce qu'on ne dit pas, et qu'on a même grand soin de dissimuler, c'est que le lendemain de mon entrée dans *Nice* l'ordre et la confiance y étoient si parfaitement rétablis, qu'en parcourant la ville je fis remarquer à plus de vingt personnes qui étoient avec moi, que toutes les boutiques étoient ouvertes, et notamment toutes celles des orfévres et des bijoutiers, qui étaloient aux yeux du public une prodigieuse quantité d'argenterie et de bijoux en or, et que les soldats y faisoient paisiblement leurs emplettes de gré à gré avec la monnoie sonnante, car aucun marchand ne prenoit des assignats. Ce fait est de toute notoriété.

Mais les effets retrouvés ou arrétés des émigrés se multiplioient, il falloit les déposer dans quelque lieu sûr; il n'existoit plus aucune autorité que celle du militaire, qui a toujours repoussé par un sentiment de délicatesse les fonctions administratives qui entraînent une responsabilité. La fuite des administrations piémontaises avoit laissé cette ville de près de quarante mille ames sans fonctionnaire civil. Dans cette position, ayant auprès de moi le citoyen *Barras*, commissaire du département du *Var*, député à la convention nationale, revêtu par conséquent des pouvoirs faits pour exciter la confiance, j'adhérai à la proposition qu'il me fit de former un directoire de district et une municipalité provisoires, sous la ratification de la convention nationale; comme je ne connoissois point les sujets qui étoient susceptibles de ces places, je crus ne pouvoir mieux faire que de le charger de cette opération. Il fut lui-même président du directoire, ce qui me donnoit plus de faculté pour m'occuper de la partie militaire qui, j'ose le dire, étoit alors assez compliquée.

Je pensai que cette mesure étoit la plus convenable, en attendant que le peuple eût pu exprimer son vœu d'une manière légale.

On a depuis blâmé cette administration du peu d'ordre qu'il y a eu dans le rassemblement des effets des émigrés , et de n'en avoir pas fait faire un inventaire à l'instant même qu'ils étoient apportés. Les administrateurs seront, je crois, peu en peine de prouver par le simple exposé des faits que cette mesure étoit moralement et physiquement impossible; les improbateurs conviendront alors eux-mêmes qu'ils n'eussent pu mieux faire pour les intérêts de la nation ; d'ailleurs le résultat de la vente, qui passera vraisemblablement un million, prouvera qu'on a mis quelques soins à empêcher toute dilapidation qu'on a pu éviter.

DÉSORDRES ET EXACTIONS DANS LES CAMPAGNES.

Il y a eu quelques désordres dans les campagnes, notamment à *Lévens* et à *Sospello* (1), et dans les environs; j'en ai manifesté

---

(1) *Sospello* a été pris et repris plusieurs fois ; il est de notoriété que nos troupes en l'évacuant ont été fusillées par une partie des habitans qui leur tiroient de leurs fenêtres; plusieurs en ont été tués ou blessés.

Les mêmes troupes y sont rentrées, et ont, comme on peut le croire, conservé quelque rancune de ce procédé ; cependant, pas un habitant n'a été tué ni même blessé. On a à la vérité presque consommé tous les commestibles qui étoient chez eux ; il peut même y avoir été enlevé quelques effets que les soldats disoient être aux émigrés français ; ce qui a souvent été une pomme de discorde, les uns disant leur appartenir par droit de conquête , les autres par celui de possession et de dépôt. Je sais que ni les uns ni les autres n'étoient fondés ; mais dans le tumulte inséparable des premiers momens d'une attaque de vive force, on ne peut pas contenir tout le monde : quant aux vivres , les troupes françaises avoient marché dix heures dans les montagnes , avec tant de rapidité, que les convois n'avoient pu suivre. Elles arrivèrent ayant grand faim, et elles burent et mangèrent ce qu'elles trouvèrent chez leurs hôtes, dont grand nombre avoit pris la fuite, craignant quelque represaille.

Je donnai des sauve-gardes à tous ceux qui vinrent m'en demander ; mais on ne dit pas que les ennemis avoient également dévasté les habitans de cette ville qui avoient paru affectionner le soldat de la liberté ; et comme nous sommes restés maîtres du champ de bataille, tous demandoient des dédommagemens à la nation mon mécontentement au général *Barral* qui commandoit à *Lévens* ; je l'ai puni de n'avoir point employé son autorité pour les prévenir ; et pour réparer des démarches contraires à mes principes , j'ai engagé l'admnistration à faire une proclamation qui pût rassurer les habitans , en leur annonçant que les denrées et bestiaux qui leur avoient été pris leur seroient payés de gré à gré , ou rendus.

Ma prévoyance m'avoit porté à étendre les patrouilles jusque dans les campagnes. Plusieurs fois dans des reconnoissances militaires , j'ai envoyé mon escorte qui étoit de quatre dragons à la poursuite des coupables dont on m'indiquoit les traces , et j'en ai fait arrêter deux des quatre qui ont été traduits devant les tribunaux criminels.

Quelque ruineuse que soit la manière dont les Français font la guerre , j'ai eu l'avantage de suivre les principes de la convention nationale à cet égard ; le général *Brunet*, commandant l'avant-garde à *Sospello* , se plaint des habitans de *Brélio* qui favorisoient les entreprises de l'ennemi ; ce poste pris et repris plusieurs fois est enfin menacé par le général *Brunet* , en vertu des droits de la guerre , d'être incendié : il se croit autorisé à demander des otages

---

française. Une preuve que j'étois bien loin de tolérer les désordres, comme les ennemis de la chose publique se sont plus à le répandre, c'est mon empressement à stimuler les actions humaines et généreuses ; en voici un exemple :

Le nommé *Graye*, à l'attaque de *Berra* du 20 novembre , poursuivant les *Barbets*, en vit un qui paroissoit plus opiniâtre que les autres à prendre la fuite, quoiqu'il lui eût déjà tiré plusieurs coups de fusil ; il entendit alors un petit garçon de sept ans derrière un rocher, qui crioit après son père, dont il venoit d'être séparé , et qui étoit celui que *Graye* venoit de poursuivre ; il prend cet enfant abandonné , le met sur ses épaules, lui donne le seul morceau de pain qui lui restoit, se retire à sa compagnie , et le ramène le lendemain à *Nice*. Il le garde plusieurs jours au quartier , en a le plus grand soin , le nourrit de sa paie, et ne le rend qu'aux réclamations de sa mère, qui vint chercher son enfant qui avoit pris une grande tendresse pour *Graye* qu'il appeloit son *père*.

Instruit de cet acte d'humanité, je priai ce grenadier à dîner avec les chefs de l'armée , et lui donnai publiquement les éloges justement mérités de cette conduite distinguée ; il refusa une gratification.

d'une contribution de vingt mille livres en compensation ; il promet cette somme à ses troupes. Instruit de ce fait par le compte qui m'en est rendu, je désapprouve le général, et sur la contribution et sur l'emploi en faveur d'une petite partie de l'armée ; je lui défends de rien exiger, et lui ordonne de relâcher les otages : ce qui a été exécuté. Ces principes ont augmenté nos difficultés ; car on sait que guerre et pitié ne s'accordent guère.

On pense que c'est assez prouver que le désordre des campagnes peut m'être aussi peu imputé que celui des villes ; mais poursuivons cette tâche pénible.

PRISONNIERS ASSASSINÉS.

La calomnie cherche à produire son effet, sans s'inquiéter de la facilité qu'on peut avoir à la repousser et à la détruire ; telle est l'imputation qui m'est faite d'avoir vu, comme un nouveau *Néron*, assassiner de ma fenêtre quatre prisonniers envoyés à *Nice* par un poste avancé. Le simple historique du fait va servir de réponse, et le lecteur en calculera les circonstances avec les projets criminels des agitateurs, si grassement payés pour désorganiser, diviser l'armée, et la faire redouter des peuples qui l'auroient appelée pour conquérir leur liberté.

Les paysans du comté de *Nice* forment la milice du pays, le roi leur donne des armes et les rassemble au besoin ; cette espèce de troupes connue sous le nom de *Barbets* sont les meilleures troupes légères pour harceler l'ennemi ; on les a toujours en tête, en flanc, et quelquefois sur les derrières, sans pouvoir les prendre ni les détruire, par l'habitude et la connoissance qu'ils ont des montagnes, et par une suite de leurs liaisons et de leur parenté dans tous les pays que nous occupons ; ils préviennent leurs troupes de ligne de nos moindres mouvemens.

Une proclamation avoit ordonné qu'ils rentrassent dans leurs foyers, et leur désarmement ; quatre sont arrêtés vers *Lévens*, accusés de contravention à cet ordre ; le procès-verbal prouve que deux le sont assez légérement.

Personne n'ignoroit à l'armée qu'on animoit les soldats contre ces miliciens qu'on leur annonçoit comme des espions, harcelant nos troupes et tuant nos ordonnances sur les routes.

Quatre, dis-je, sont arrêtés aux environs de *Lévens* par les ordres du général *Barral* et les diligences du citoyen *Ferru*, faisant les fonctions de commissaire des guerres; ils arrivent à *Nice* escortés par des dragons du 18ᵉ. régiment, ci-devant *du Roi*, qui avoient mis des lauriers à leur casque : cet appareil ne contribua pas peu à former un prompt rassemblement.

J'étois monté à cheval pour faire une reconnoissance, j'apperçois cette troupe, je m'avance, je parle au peuple, il paroît se calmer. J'ordonne que ces prévenus soient conduits en prison; je crains que ces dragons ne soient pas assez forts, et j'envoie mon escorte pour les soutenir, et un aide-de-camp pour me rendre compte des mouvemens et de leur entrée en prison.

L'aide-de-camp revient peu après, annonce que les prisonniers sont entrés en prison et l'attroupement dissipé. Je pars alors pour excéuter mon premier projet.

Quel fut mon étonnement à mon retour, après quatre heures d'absence, d'apprendre que peu après mon départ l'attroupement s'étoit formé de nouveau, avoit forcé les prisons, tué le valet du geolier, et massacré les quatre prisonniers.

Cependant la générale fut battue, les secours furent prompts; mais le crime le fut plus encore.

Je trouvai l'armée sous les armes, on me rendit compte de l'attentat : je parcourus tous les postes et tous les quartiers de la ville sans trouver aucun rassemblement. Après avoir ordonné de nombreuses patrouilles, je fis battre la retraite.

Le tribunal criminel instruisit une procédure à ce sujet : je crus devoir haranguer les troupes, leur représenter la violation des droits les plus sacrés, si toutesfois quelque individu de la force armée avoit pu s'en rendre complice, et j'ordonnai des recherches à tous les chefs des corps pour découvrir les coupables.

Je ne perdis pas un instant pour écrire une circulaire aux chefs des postes avancés, dans laquelle je leur ordonnai, au lieu d'envoyer les prisonniers à *Nice*, de me donner avis de ceux qu'ils

auroient

auroient fait, pour que je pusse pourvoir à leur sûreté et inviolabilité.

Dans cet intervalle deux prisonniers barbets arrivent et sont conduits chez moi. Le peuple qui les entoure fait entendre les mêmes cris de sang ; je me présente , je pousse les prisonniers dans ma maison et j'en fais garder la porte: je monte à cheval , je harangue la foule à quatre reprises ; j'en suis enfin applaudi universellement. Un soldat ose élever encore la voix , et demande leur mort d'une voix ferme ; je lui riposte: *Tu veux du sang , tu es cruel ; eh bien ! je te fais le bourreau de l'armée* ! Ces paroles sont un coup de foudre ; il pâlit, il chancelle , et se dérobe dans la foule où il va se perdre.

Tout se dissipe; les prisonniers sont mis en sûreté: je vais encore haranguer les troupes à la parade avec le même succès.

Un mois environ après , à l'occasion des assemblées primaires, un citoyen de *Nice* est poursuivi par le peuple pour des propos contre les Niçards qu'on lui impute.

Il est constitué pisonnier, et les prisons sont menacées. Les commissaires de la convention , avertis les premiers , s'y rendent ; ils employent en vain leur zèle et leur éloquence : ils ont lieu de craindre d'être les témoins d'un assassinat , malgré la force armée qui étoit déjà arrivée. Instruit plus tard, je m'y rends avec quelques dragons ; j'apperçois dans la foule des soldats de ligne , et volontaires, je m'adresse d'abord à eux, et je leur dis : *Soldats, vous n'avez rien à faire ici, je vous ordonne de vous rendre dans vos quartiers, sous peine de châtiment rigoureux et prompt , et dès que vous serez partis, si le peuple niçard, que je vois ici le plus animé, ne rentre pas dans le devoir, je saurai bien l'y contraindre par la force.*

Cette division dans les individus eut un plein succès; tout se sépara, tout se dissipa , et je reconduisis les commissaires chez

D

eux. Voyez leur proclamation ci-jointe faite à cette occasion (1).

Ma sensibilité et mon cœur répugnent à mettre au jour toutes les observations et les réflexions que ces événemens ont pu me fournir; c'est un labyrinthe inextricable d'iniquité, et qui auroit

---

Proclamation des commissaires de la conventi n nationale aux citoyens de Nice et à l'armée du Var.

Du 9 décembre, l'an premier de la république française.

(1) Citoyens de Nice, les commissaires de la convention nationale sont venus au milieu de vous pour faire respecter votre liberté, et vous avez donné l'affreux spectacle de la licence; ils sont venus mettre vos personnes et vos propriétés sous la protection de la loi, et vous venez de la violer sous leurs yeux. Votre conduite les a pénétrés de douleur et d'indignation.

Ne mettez point sur le compte de l'armée le mouvement séditieux où vous vous êtes livrés. C'est dans votre assemblée primaire qu'il a pris naissance, c'est vous seuls qui étiez là. Vous accusez un citoyen, c'est à la justice à recevoir, à peser cette accusation; on instruit son procès, la loi prononcera; tout doit plier devant elle.

Vous vouliez un crime, et pour en rejeter la honte sur l'armée française, vous avez cherché à le faire commettre par les soldats de la république : vous leur avez insinué que le prisonnier, dont vous demandiez la tête, avoit parlé contre la nation française Eh bien ! c'est une fausseté, car le prisonnier n'a pas dit un seul mot ni des soldats français, ni de la nation; nous avons vérifié le fait, et ceux qui l'ont avancé sont des imposteurs et des scélérats.

Avant ce que nous avons vu, nous vous croyions incapables d'exciter de pareils désordres. Mais aujourd'hui, qui nous garantira que ceux que vous avez dénoncés n'ont pas eu les mêmes causes, et que ce n'est pas par les instigations perfides des mêmes agitateurs qu'ont été commis tous les pillages, toutes les horreurs qu'on a attribués à des Français.

Nous en avons vu à la tête de l'attroupement, de ces brigands obstinés à pousser des cris de fureur et à demander du sang. Ce n'étoient pas des Français, c'étoient des Niçards; nous les avons bien observés, nous les avons parfaitement reconnus à leurs habits et à leur langage. Où étoient les amis de la liberté ? S'il y en a, pourquoi n'étoient-ils pas autour de nous ? s'il n'y en a pas, à qui la nation française doit-elle des indemnités ? Vous l'avez outragée la nation, car vous n'avez pas cédé à la voix de ses représentans, et ce n'est que l'appareil de la force armée qui a pu vous en imposer.

eu des suites encore plus funestes , j'ose le dire, sans mon infa-
tigable surveillance à déjouer ces complots scélérats.

Tels sont tous les faits relatifs aux différens événemens qui ont
concerné les prisonniers.

INDISCIPLINE.

Je ne sais quelle preuve d'indiscipline on peut alléguer plus
particulièrement contre l'armée d'*Italie*. Cependant il paroît qu'on
devroit être plus circonspect, et ne pas calomnier des citoyens
qui ont montré toujours la plus grande ardeur pour marcher à
l'ennemi, qui mal vêtus n'ont pas murmuré de bivouaquer des

Citoyens de Nice, les commissaires de la convention nationale vous ont observés
attentivement. Depuis leur arrivée , ils s'étoient bien apperçus qu'il existoit dans
votre ville un parti d'aristocrates, d'esclaves soudoyés par le roi de *Turin* : aujourd'hui, ils ont vu clairement que ce parti ne cherchoit qu'à dissoudre votre
assemblée primaire , pour vous empêcher de vous constituer en hommes vraiment
libres , qu'à faire commettre des crimes pour les imputer aux soldats de la république. Que ces scélérats tremblent , car la république française est l'ennemie
de tous les brigands ; elle en veut aux esclaves comme aux rois ; et si elle découvre
les agens et les complices du despote sarde, elle leur fera une guerre aussi ter-
rible qu'à ce tyran.

Amis de la liberté , bons citoyens qui , nous aimons à le croire, fermez la majorité , ne donnez plus dans les piéges qui vous sont tendus par ces monstres ;
aimez et respectez la loi ; fuyez ceux qui vous conseillent des crimes; ils ne joui-
ront pas long-temps de l'impunité ; leurs manœuvres sont déjà connues : la foudre
nationale va les frapper au moment où ils s'y attendront le moins.

A l'armée. Soldats de la république , jusques à quand serez-vous le jouet des
ennemis de la nation ? Vous intéressez-vous assez peu à sa gloire et à la vôtre ,
pour vous porter à des excès dont tout Français doit rougir? Que ce soit la der-
nière fois qu'on aura vu quelques-uns de vous dans des attroupemens criminels !
Que ceux-là qui vous déshonoroient soient retenus par la crainte des châtimens ,
s'ils ne le sont pas par la honte du crime !

Quant à ceux qui ont secondé nos efforts , qui se sont réunis à nous pour faire
exécuter la loi , ils ont bien mérité de la patrie ; qu'en récompense de leur zèle ,
ils reçoivent les remercîmens des représentans de la nation.

Signé, LASOURCE, GOUPILLEAU et COLLOT-D'HERBOIS.

semaines entières sur les montagnes où il faisoit un froid excessif, et qui ont toujours rechassé avec la valeur française les ennemis de tous les postes où ils ont été attaqués.

Deux corps seulement ont été envoyés sur les derriéres, et si le ministre de la guerre veut bien faire connoître le procès-verbal de la conduite du 18. régiment de dragons, ci-devant du roi, à son passage à *Aix*, dont le citoyen *Perrin*, maire de la ville, m'a dit le contenu, (1) on verra si sa punition a été méritée, et si

---

(1) Le citoyen *Perrin*, maire d'*Aix*, m'a dit, en présenc: de deux témoins, qu'il avoit envoyé au citoyen *Pacle*, dans le commencement de décembre, un procès-verbal, d'après lequel il est prouvé que les dragons du dix-huitième régiment, ci-devant *du Roi*, passant à *Aix*, et allant de l'armée *d'Italie* à *Narbonne*, ont détruit ou emporté plus de huit cents livres d'effets dans les casernes d'*Aix* où ils étoient logés lors de leur passage, et que la majeure partie de ces dragons avoit montré des couverts d'argent et autres effets de ce genre, ainsi qu'un numéraire beaucoup plus considérable que celui que doivent avoir de simples dragons; preuve évidente qu'ils s'étoient livrés au pillage dans les postes avancés et escortes où ils ont été détachés : ce qui mettoit les chefs de l'état-major dans l'impuissance de les surveiller.

C'est cependant deux dragons du même régiment qui ont eu l'impudence et l'audace de venir se plaindre à la convention nationale que le général *Danselme* avoit toléré l'indiscipline et le pillage; mais ils se sont bien gardés de dire que c'étoit une des raisons principales pour laquelle il les avoit fait partir de l'armée, après en avoir renvoyé plusieurs à leur dépôt de *Narbonne*, pendant le courant de la campagne pour fait d'indiscipline, et avoir eu un dragon tué d'un coup de fusil par une patrouille, lequel fut surpris dans une maison volant et se sauvant. Cette patrouille étoit commandée par le citoyen *Dupin*, capitaine au bataillon no. 1 des volontaires de l'*Hérault*, qui avoit reçu des ordres rigoureux à cet égard.

Cet exemple, qui a été connu de toute l'armée, ajoute encore aux preuves que le général ne toléroit pas le pillage.

Quant aux poufs blancs et rouges qu'ils prétendent que le général leur a fait arracher à *Grasse*, le citoyen *Riccord*, maire de cette ville, et aujourd'hui député à la convention nationale, fut témoin de cet acte de justice. Il vit bien que ces poufs étoient tout blancs, sans être mélangés de rouge, et il a même attesté ce fait depuis publiquement.

ceux qui se plaignent le plus de l'indiscipline, ne sont pas souvent les plus coupables de ce délit (1).

On persuadera d'ailleurs difficilement qu'un vieux militaire qui a servi pendant plus de trente ans dans l'état major, où il a fait ses preuves de rigorisme, et qui n'est parvenu de grade en grade que par son zèle à remplir ses devoirs, perde tout à coup ses principes d'ordre et de règle, lorsqu'il a plus de moyens d'autorité pour les remplir.

J'aurois pu repousser par un simple argument tout reproche d'indiscipline si elle avoit eu lieu véritablement, en publiant que malgré mes demandes réitérées depuis le mois de juillet pour avoir quelques commissaires, à l'effet de former une cour martiale, je

---

Les habitans de *Perpignan* certifieront de même que lorsque le général y commandoit, les dragons du régiment ci-devant *du Roi* qui y étoient en garnison ont été punis plusieurs fois par lui, pour avoir porté la cocarde blanche, et que le peuple de cette ville et les volontaires arrêtèrent un jour le piquet de dragons en défilant à la parade, parce qu'ils avoient oté de leur casque la cocarde nationale avec une affectation qui indigna les patriotes de cette ville, et que l'on eut beaucoup de peine à contenir. Ces différentes preuves d'incivisme et autres, si souvent multipliées dans ce corps, prouvent le mauvais esprit qui y règne, ou au moins dans la majeure partie. Voilà l'espèce d'hommes que le général a pour dénonciateurs; mais il faut qu'ils cherchent à masquer leur délit, et à prévenir le châtiment que mériteroit une conduite aussi incivique qu'insubordonnée.

(1) L'autre est le second bataillon des volontaires de l'*Aude*; je suis bien loin d'inculper tous les individus qui le composent, entre autres, le second lieutenant-colonel qui est un homme de mérite; mais le parti des factieux et des agitateurs paroissant y dominer, j'ai cru rendre service à la chose publique de le renvoyer sur les derrières, d'où il a été employé dans une autre armée; d'ailleurs, il ne cessoit de faire dans les clubs des motions, tendant à diminuer la confiance que les autres troupes avoient en moi, il m'étoit bien permis, je pense, de ne pas en avoir beaucoup en eux.

J'observe que le dix-huitième régiment de dragons, ci-devant *du Roi*, n'avoit ni colonel, ni lieutenant-colonel, quoique j'en eusse demandé à différentes reprises, ce qui n'a pas peu contribué à l'indiscipline qui s'est manifestée dans les deux escadrons qui étoient à l'armée.

Je dirai cependant, avec la même franchise, que j'ai été très-satisfait de la conduite que tinrent cinquante dragons commandés par le capitaine *Macquard*, lorsqu'ils furent détachés à la poursuite des ennemis sur *Saorgio*.

n'ai pu parvenir à l'établir que vers le quinze décembre, et par le secours des commissaires de la convention, qui ont nommé provisoirement deux commissaires des guerres pour l'armée du *Var*.

La cour martiale fut en activité le lendemain.

DURETÉ DU GÉNÉRAL.

Le public trouvera extraordinaire d'accuser tout à la fois un général de dureté, de foiblesse et de tolérance. La vérité est que par une suite des vices de l'organisation des corps et autres causes, quelques chiefs ayant tout à craindre ou à espérer de leurs subordonnés n'osent en punir aucun, et cherchent à capter leur bénévolence ; ils rapportent tout au général en chef, qui seul en supporte le poids et la haine qu'entraînent les punitions : la nécessité du bon ordre dans une armée ne m'a jamais permis cette crainte, et l'officier, de quelque grade qu'il soit, a toujours trouvé auprès de moi, avec la même équité, le blâme ou l'approbation.

Si on veut bien également considérer que ce chef a toujours manifesté, d'une manière franche et loyale, ses opinions en faveur de la révolution ; il a dû accroître le nombre de ses ennemis, de tous ceux qui avoient des opinions différentes ; et les indiscrets de ce parti disoient souvent qu'ils m'envelopperoient de tant d'entraves que ma chute seroit inévitable.

Un fait assez connu servira à prouver quelle a été ma conduite imqartiale avec ceux qui étoient à mes ordres.

Un officier d'artillerie nommé *Rocqueferre*, violemment soupçonné de mauvaise intention, par l'inspection que je fais de ses travaux dans la confection des cartouches queje faisois préparer à *Grasse* au mois d'août : je le place dans un lieu où il ne puisse plus employer son astucerie à mal faire, en se mettant toujours à couvert de la conviction.

En visitant des batteries que je faisois faire pour protéger le passage du *Var*, je retrouve ce même officier dont les intentions m'étoient très-suspectes, et qui les dirigeoit par son tour de service ; et ce travail pour lequel j'avois donné des ordres pressans alloit très-lentement : j'ordonne, comme moyen d'accélération, qu'on y travaille la nuit ; cet officier me répond, devant l'état-major de l'armée :

On cessera d'y travailler le jour.

Je l'aurois destitué alors, si j'en avois eu le droit, mais je n'étois point général en chef. Je l'envoie à Antibes, où il ne s'occupoit qu'à faire des motions incendiaires et calomnieuses contre moi dans le club. Je pouvois alors le destituer, venant d'être fait chef d'armée ; mais comme il venoit de me dénoncer aux clubs de tous les environs, j'eus la délicatesse de ne pas le faire ; à la vérité, il faillit être très-maltraité par les citoyens d'Antibes dont j'étois connu et lui aussi, qui, par une délibération, le vouèrent à l'exécration publique, et il n'évita la colère du peuple que par sa fuite de cette ville, qui m'en ayant donné avis, me détermina à l'envoyer aux îles Sainte-Marguerite, où il y avoit plusieurs batteries et magasins d'artillerie à surveiller. Il a beaucoup écrit de ce fort contre moi ; il croyoit que ce séjour prêteroit infiniment à me faire passer pour un despote ; j'ai vu et j'ai appris depuis que ce personnage, agent des malveillans, avoit joué un grand rôle dans toutes les intrigues qn'on a ourdies sur mon compte.

J'ajouterai une autre preuve contre la dureté qu'on me suppose, par un fait qui a été dénaturé.

Le lieutenant-colonel d'artillerie *Barras*, sous-directeur à Antibes, me fait passer de cet arsenal à Grasse quarante mille cartouches à balles pour garnir des caissons ; je les ai fait vérifier, et il conste par un procès-verbal que la majeure partie ne peuvent entrer dans le canon des fusils, soit parce que la balle est d'un trop gros calibre, ou que la poudre a fait prendre à la cartouche une forme plus grosse qui ne lui permet pas l'introduction ; je mande cet officier, qui ne me donne d'autres raisons que celle que c'étoient d'anciennes cartouches, qu'à la vérité il avoit le tort de ne pas les avoir vérifiées.

Cette négligence, qui pouvoit avoir de grandes conséquences, me détermina à lui ordonner les arrêts de rigueur. Cet événement mit de l'agitation dans les volontaires et dans le peuple de *Grasse*, qui disoient qu'on les trahissoit , en leur préparant des cartouches qui ne pourroient pas leur servir vis-à-vis de l'ennemi , et le bruit se répandit qu'on devoit aller le soir à son logement pour en tirer vengeance.

Instruit de ces dispositions par le citoyen *Riccord* , maire de Grasse, et actuellement député à la convention nationale , je me décidai à faire partir ce lieutenant-colonel à l'entrée de la nuit , qui retourna à Antibes , afin d'éviter les outrages qu'on lui préparoit : j'ose croire que cette conduite de ma part ne porte pas un caractère de dureté.

J'aurois bien d'autres preuves de ce genre à citer.

DEMANDES A GÊNES.

L'armée d'Italie manquoit de beaucoup de choses que la république de *Gênes* étoit à portée de lui fournir; elle paroissoit disposée en notre faveur , quoiqu'elle voulût garder une neutralité parfaite. J'argumentai de ces dispositions et de cette neutralité pour lui faire demander par le contre-amiral *Truguet*, avec toutes les formes et tous les égards convenables, de prêter aux *Français* six millions , comme elle les avoit prêtés au roi de *Sardaigne* , et de fournir à l'armée des draps bleus et blancs , des culottes , des chemises , des souliers , des guétres , des fusils , des sabres et des gibernes , etc. qui seroient payés dans les termes qu'elle désireroit.

Si je n'avois eu pour l'argent le motif du prêt fait au roi de de Sardaigne , j'aurois la satisfaction de voir , par la correspondance du ministre Clavière avec le général Montesquiou , que ce chef de la finance ne réprouve pas les emprunts d'une manière aussi exclusive qu'il paroît le faire ; cependant, sans cette autorité, je n'aurois jamais osé réclamer contre cet ex-général , grand manipuleur de finances , d'un jugement porté par lui sur ce fait ; mais sous l'égide de son maître je crois pouvoir en appeler , et principalement contre la contexture de son improbation.

Quant

Quant aux autres demandes, je croyois rendre un grand service à la chose publique dans l'embarras où je savois qu'étoit le ministère de fournir aux autres armées, et de procurer, par des ressources étrangères, tout ce qui étoit nécessaire à celle qui m'étoit confiée.

Quoique j'aie retiré toutes mes demandes dès que j'ai su qu'elles n'étoient pas approuvées, et qu'aucune n'ait été effectuée, j'ose croire à la bonté des vues que je proposois, puisqu'on n'a pu encore donner à l'armée d'Italie ce qui lui est de première nécessité ; ce n'étoit donc point un brigandage que j'exerçois à coups de canons contre la République de Gênes, comme l'a avancé Montesquiou dans une de ses lettres au ministre Clavière : à l'entendre, il sembleroit que je devois m'approprier ces fonds, et sans doute émigrer comme lui pour en jouir paisiblement.

Je n'ai pas reconnu là le langage mielleux de mon ancien chef (1), qui ne peut sans doute s'expliquer que par sa fuite, et ma fidélité à servir ma patrie, malgré les rigueurs que tout bon citoyen peut éprouver passagèrement dans les orages inséparables des révolutions.

CONCLUSIONS.

J'ai attaqué et pris le comté de Nice avec peu de moyens et des forces inférieures à l'ennemi ; je ne lui ai pas donné le temps d'emporter ni de détruire aucune des parties d'une immense artillerie, ainsi que des approvisionnemens de guerre et de bouche de toute espèce dont les magasins étoient remplis.

J'ai toujours été à la tête des colonnes lorsqu'il y a eu quelque expédition importante.

Je n'ai négligé aucune des dispositions qui pouvoient m'en assurer le succès et épargner le sang précieux des défenseurs de la patrie.

Je me suis toujours jeté parmi le peuple dans toutes les émeutes, et j'ai sauvé trois hommes de la fureur des Cannibales stipendiés ou égarés.

---

(1) *Montesquiou* commandoit en chef l'armée du *Midi*, dont celle du *Var* faisoit alors partie.

J'ai garanti le territoire français de toute incursion de barbets dans une partie où vingt-quatre heures suffisent pour détruire cinquante millions d'arbres précieux.

J'ai su mériter la confiance des départemens voisins qui m'ont fourni des secours pour cette conquête , et qui m'ont confié jusqu'à l'artillerie de campagne des gardes nationales. (Les villes de Marseille et de Toulon).

J'ai toujours professé publiquement la liberté , l'égalité et l'unité de la république française.

J'ai propagé l'esprit public par mes principes soutenus franchement et ouvertement prononcés , ce qui n'a pas peu contribué à réunir le comté de Nice à la république française , ainsi qu'à la demande que fait la *principauté de Monaco* d'y être comprise.

J'ai ramené aux bons principes plusieurs bataillons qui avoient été égarés par l'incivisme de leurs chefs , que j'ai fait destituer.

J'ai secondé l'administration de *Nice* dans la conservation des effets de sémigrés ou du fisc qui se monteront à plus d'un million.

On ose assurer qu'il n'existe aucun des faits énoncés dans ce mémoire qui ne puissent être attestés par la très-grande majorité de l'armée d'*Italie* , puisqu'ils sont contenus en grande partie dans une adresse qu'elle a faite à la convention nationale, soutenue de dix-neuf pages de signatures.

Il ne faut pas moins que l'acharnement qu'on a mis à déprécier ma conduite , pour me déterminer à faire paroître ce mémoire qui fait mon apologie ; mais l'opinion publique m'est trop précieuse pour ne pas employer toute la vérité. Le temps est arrivé où on peut la dire sans crainte afin déclairer ses concitoyens , principalement mes juges suprêmes , (*la convention nationale*) dont la sévérité de leurs principes et de leurs lumières déchireront ce voile calomnieux qui, artistement ourdi par les ennemis secrets de la chose publique , auroit pu affoiblir un instant à leurs yeux la réputation d'un des plus zélés défenseurs de la république , et j'ose assurer un des plus fermes soutiens de leurs sages décrets.

Je réclame l'indulgence pour l'art oratoire , en faveur de la vérité contenue dans ce mémoire.

OBSERVATIONS.

Ce mémoire étoit depuis quatre jours à l'impression, ainsi que je l'ai déjà dit, lorsque les commissaires envoyés à l'armée du *Var* ont fait leur rapport à la convention nationale, rapport que je n'ai pu me procurer encore, n'étant point imprimé ; mais l'extrait que j'en ai vu dans les journaux m'a fait jnger que lesdits commissaires ont été cruellement induits en erreur dans les informations qu'ils ont faites à *Nice*.

J'en suis d'autant plus affligé que, par une combinaison d'événemens, je me trouve privé des papiers qui pourroient servir à ma défense, et j'ose dire à ma justification. Les uns sont restés à *Nice* dans les bureaux du commandement ; la plus grande partie a été mise sous le scellé à *Apt* dans le District des *Bouches-du-Rhône*, par ordre desdits commissaires, où ils doivent être encore, quoique je les réclame depuis le 28 janvier, qui est le lendemain de mon arrivée à *Paris*. Il m'en restoit enfin quelques-uns que j'avois recueillis depuis tous ces événemens, et ces derniers ont encore été mis sous les scellés à *Paris*.

Pendant ce temps mes ennemis dégradent l'opinion publiqne sur mon compte, ce qui m'a déterminé à faire toujours paroître ce premier mémoire, en prenant l'engagement de réfuter entièrement tous les griefs qu'on m'impute lorsque j'aurai pu recouvrer les pièces justificatives qui se trouvent dans les lieux que j'ai indiqués ci-dessus.

A Paris, le 9 février 1793, l'an second de la République Française.

DANSELME, *ci-devant* Commandant en Chef de l'Armée du *Var*.